Mon album illustré bilingue

Moja dwujęzyczna książka obrazkowa

Les plus beaux contes pour enfants de Sefa en un seul volume

Ulrich Renz • Barbara Brinkmann:

Dors bien, petit loup · Śpij dobrze, mały wilku

À lire à partir de 2 ans

Cornelia Haas • Ulrich Renz:

Mon plus beau rêve · Mój najpiękniejszy sen

À lire à partir de 2 ans

Ulrich Renz • Marc Robitzky:

Les cygnes sauvages · Dzikie łabędzie

D'après un conte de fées de Hans Christian Andersen

À lire à partir de 5 ans

© 2024 by Sefa Verlag Kirsten Bödeker, Lübeck, Germany. www.sefa-verlag.de

Special thanks to Paul Bödeker, Freiburg, Germany

All rights reserved.

ISBN: 9783756304608

Lis · Écoute · Comprends

Dors bien, petit loup
Śpij dobrze, mały wilku

Ulrich Renz / Barbara Brinkmann

français　　　　bilingue　　　　polonais

Traduction:

Céleste Lottigier (français)

Jolanta Zak (polonais)

Livre audio et vidéo :

www.sefa-bilingual.com/bonus

Accès gratuit avec le mot de passe:

français: **LWFR1527**

polonais: **LWPL2521**

Bonne nuit, Tim ! On continuera à chercher demain.
Dors bien maintenant !

Dobranoc, Tim! Jutro wznowimy poszukiwania.
Teraz, śpij dobrze!

Dehors, il fait déjà nuit.

Na zewnątrz jest już ciemno.

Mais que fait Tim là ?

Co Tim robi?

Il va dehors, à l'aire de jeu.
Qu'est-ce qu'il y cherche ?

Wychodzi na plac zabaw.
Czego on tam szuka?

Le petit loup !

Sans lui, il ne peut pas dormir.

Małego wilka!

Nie może bez niego spać.

Mais qui arrive là ?

Któż to nadchodzi?

Marie ! Elle cherche son ballon.

Marie! Szuka swojej piłki.

Et Tobi, qu'est-ce qu'il cherche ?

A czego szuka Tobi?

Sa pelleteuse.

Jego koparki.

Et Nala, qu'est-ce qu'elle cherche ?

A czego szuka Nala?

Sa poupée.

Swojej lalki.

Les enfants ne doivent-ils pas aller au lit ?
Le chat est très surpris.

Czy dzieci nie muszą już iść spać?
– zastanawia się kot.

Qui vient donc là ?

Kto nadchodzi teraz?

Le papa et la maman de Tim !
Sans leur Tim, ils ne peuvent pas dormir.

Mama i tata Tima!
Nie mogą spać bez Tima.

Et en voilà encore d'autres qui arrivent !
Le papa de Marie. Le papi de Tobi. Et la maman de Nala.

Nadchodzi ich coraz więcej. Tata Marie.
Dziadek Tobiego. I mama Nali.

Vite au lit maintenant !

Teraz, szybko do łóżka!

Bonne nuit, Tim !
Demain nous n'aurons plus besoin de chercher.

Dobranoc, Tim!
Jutro nie będziemy musieli już więcej szukać.

Dors bien, petit loup !

Śpij dobrze, mały wilku!

Cornelia Haas • Ulrich Renz

Mon plus beau rêve

Mój najpiękniejszy sen

Traduction:

Martin Andler (français)

Joanna Barbara Wallmann (polonais)

Livre audio et vidéo :

www.sefa-bilingual.com/bonus

Accès gratuit avec le mot de passe:

français: **BDFR1527**

polonais: **BDPL2521**

Mon plus beau rêve
Mój najpiękniejszy sen

Cornelia Haas · Ulrich Renz

français — bilingue — polonais

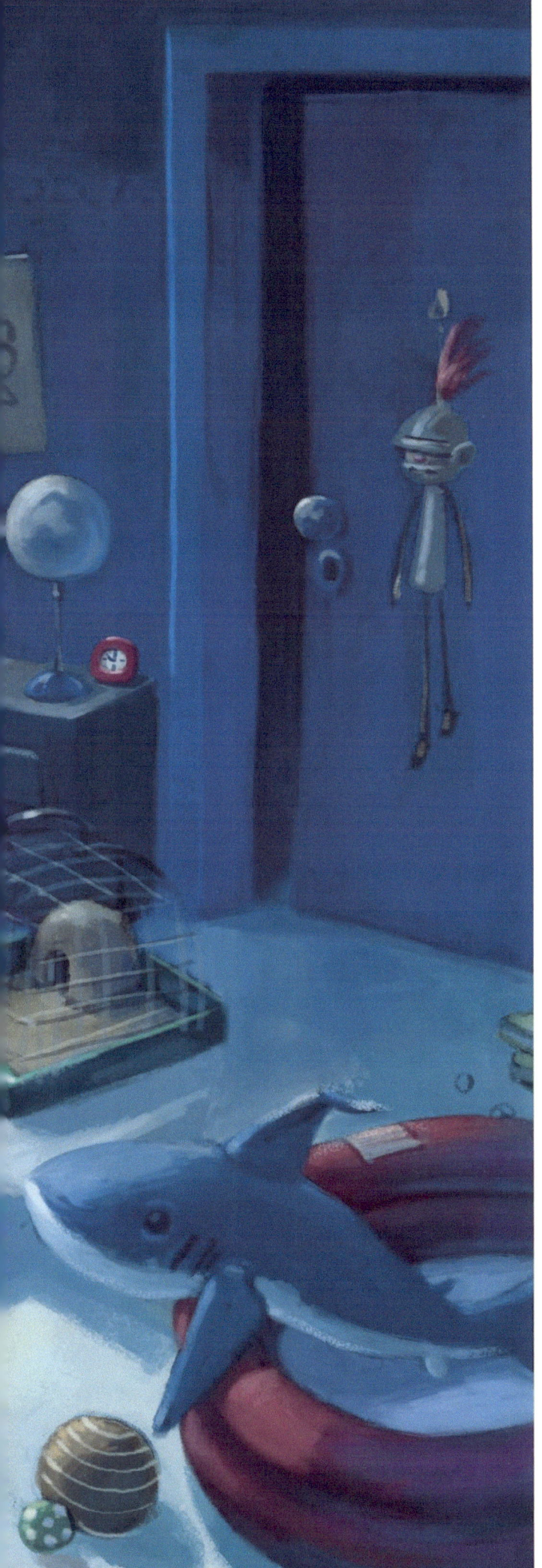

Lulu n'arrive pas à s'endormir. Tous les autres rêvent déjà – le requin, l'éléphant, la petite souris, le dragon, le kangourou, le chevalier, le singe, le pilote. Et le bébé lion. Même Nounours a du mal à garder ses yeux ouverts.

Eh Nounours, tu m'emmènes dans ton rêve ?

Lulu nie może zasnąć. Wszyscy inni już śnią – rekin, słoń, myszka, smok, kangur, rycerz, małpa, pilot. I lwiątko też. Misiowi także, już prawie oczy się zamykają ...

Misiu, zabierzesz mnie do twojego snu?

Tout de suite, voilà Lulu dans le pays des rêves des ours. Nounours attrape des poissons dans le lac Tagayumi. Et Lulu se demande qui peut bien vivre là-haut dans les arbres ?

Quand le rêve est fini, Lulu veut encore une aventure. Viens avec moi, allons voir le requin ! De quoi peut-il bien rêver ?

I już jest Lulu w misiowej krainie snu. Miś łowi ryby w jeziorze Tagayumi. A Lulu dziwi się, kto mieszka tam w górze na drzewach?

Gdy sen się kończy, Lulu chce jeszcze więcej przeżyć. Chodź ze mną, odwiedzimy rekina! O czym on śni?

Le requin joue à chat avec les poissons. Enfin, il a des amis ! Personne n'a peur de ses dents pointues.

Quand le rêve est fini, Lulu veut encore une aventure. Venez avec moi, allons voir l'éléphant ! De quoi peut-il bien rêver ?

Rekin bawi się z rybami w berka. Nareszcie ma przyjaciół! Nikt nie boi się jego ostrych zębów.
Gdy sen się kończy, Lulu chce jeszcze więcej przeżyć. Chodź ze mną, odwiedzimy słonia! O czym on śni?

L'éléphant est léger comme une plume et il peut voler ! Dans un instant il va se poser dans la prairie céleste.

Quand le rêve est fini, Lulu veut encore une aventure. Venez avec moi, allons voir la petite souris. De quoi peut-elle bien rêver ?

Słoń jest lekki jak piórko i umie latać! Zaraz wyląduje na niebiańskiej łące.
Gdy sen się kończy, Lulu chce jeszcze więcej przeżyć. Chodź ze mną,
odwiedzimy myszkę! O czym ona śni?

La petite souris visite la fête foraine. Ce qui lui plaît le plus, ce sont les montagnes russes.

Quand le rêve est fini, Lulu veut encore une aventure. Venez avec moi, allons voir le dragon. De quoi peut-il bien rêver ?

Myszka przypatruje się wesołemu miasteczku. Najbardziej podoba jej się kolejka górska.
Gdy sen się kończy, Lulu chce jeszcze więcej przeżyć. Chodź ze mną, odwiedzimy smoka! O czym on śni?

Le dragon a soif à force de cracher le feu. Il voudrait boire tout le lac de limonade !

Quand le rêve est fini, Lulu veut encore une aventure. Venez avec moi, allons voir le kangourou. De quoi peut-il bien rêver ?

Smok jest spragniony od ziania ogniem. Najchętniej wypiłby całe jezioro lemoniady.
Gdy sen się kończy, Lulu chce jeszcze więcej przeżyć. Chodź ze mną, odwiedzimy kangura! O czym on śni?

Le kangourou sautille dans la fabrique de bonbons et remplit sa poche. Encore plus de ces bonbons bleus ! Et plus de sucettes ! Et du chocolat ! Quand le rêve est fini, Lulu veut encore une aventure. Venez avec moi, allons voir le chevalier ! De quoi peut-il bien rêver ?

Kangur skacze po fabryce słodyczy i napycha swoją torbę do pełna. Jeszcze więcej tych niebieskich cukierków! I jeszcze więcej lizaków! I czekolady!
Gdy sen się kończy, Lulu chce jeszcze więcej przeżyć. Chodź ze mną, odwiedzimy rycerza! O czym on śni?

Le chevalier a une bataille de gâteaux avec la princesse de ses rêves. Ouh-la-la, le gâteau à la crème a raté son but !

Quand le rêve est fini, Lulu veut encore une aventure. Venez avec moi, allons voir le singe ! De quoi peut-il bien rêver ?

Rycerz i jego księżniczka toczą bitwę na torty. Och! Tort śmietankowy nie trafił do celu!
Gdy sen się kończy, Lulu chce jeszcze więcej przeżyć. Chodź ze mną, odwiedzimy małpę! O czym ona śni?

Il a enfin neigé au pays des singes. Toute leur bande est en folie, et fait des bêtises.

Quand le rêve est fini, Lulu veut encore une aventure. Venez avec moi, allons voir le pilote ! Sur quel rêve a-t-il pu se poser ?

Nareszcie spadł śnieg w krainie małp! Cała zgraja małp jest całkiem poza sobą i urządza przedstawienie.

Gdy sen się kończy, Lulu chce jeszcze więcej przeżyć. Chodź ze mną, odwiedzimy pilota! W jakim śnie on wylądował?

Le pilote vole et vole. Jusqu'au bout du monde, et encore au delà, jusqu'aux étoiles. Jamais aucun pilote ne l'avait fait.
Quand le rêve est fini, ils sont déjà tous très fatigués, et n'ont plus trop envie d'aventures. Mais quand même, ils veulent encore voir le bébé lion.
De quoi peut-il bien rêver ?

Pilot lata i lata. Aż na koniec świata i jeszcze dalej, aż do gwiazd. To, nie udało się jeszcze żadnemu innemu pilotowi.

Gdy sen się kończy, wszyscy są już bardzo zmęczeni i nie chce im się nic więcej przeżyć. Ale chcą jeszcze odwiedzić lwiątko. O czym ono śni?

Le bébé lion a le mal du pays, et voudrait retourner dans son lit bien chaud et douillet.
Et les autres aussi.

Et voilà que commence …

Lwiątko tęskni za domem i chce wrócić do ciepłego, przytulnego łóżka.

I inni też.

I wtedy zaczyna się ...

... le plus beau rêve
de Lulu.

... najpiękniejszy sen Lulu.

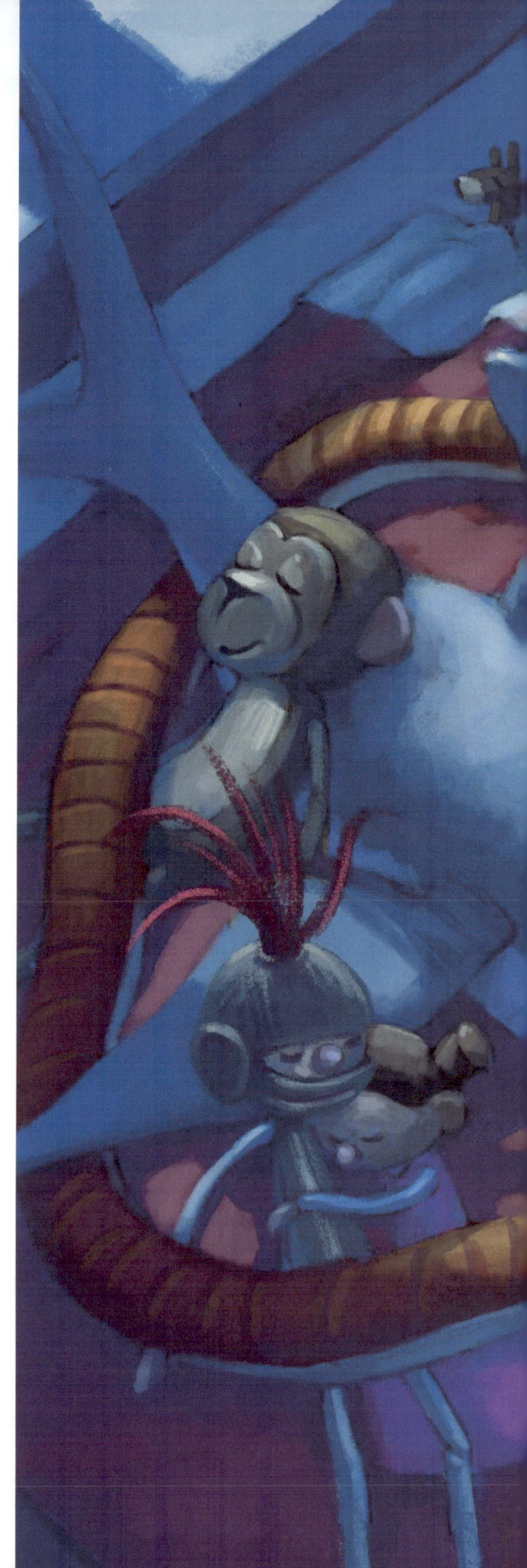

Ulrich Renz • Marc Robitzky

Les cygnes sauvages

Dzikie łabędzie

Traduction:

Martin Andler (français)

Joanna Wallmann (polonais)

Livre audio et vidéo :

www.sefa-bilingual.com/bonus

Accès gratuit avec le mot de passe:

français: **WSFR1527**

polonais: **WSPL2521**

Ulrich Renz · Marc Robitzky

Les cygnes sauvages

Dzikie łabędzie

D'après un conte de fées de
Hans Christian Andersen

+ audio
+ video

français — bilingue — polonais

Il était une fois douze enfants royaux — onze frères et une sœur ainée, Elisa. Ils vivaient heureux dans un magnifique château.

Dawno, dawno temu, było sobie dwanaścioro dzieci królewskich–jedenastu braci i starsza siostra, Elisa. Żyli sobie szczęśliwie w przepięknym zamku.

Un jour, la mère mourut, et après un certain temps, le roi se remaria. Mais la nouvelle épouse était une méchante sorcière. Elle changea les onze princes en cygnes et les envoya dans un pays éloigné, au delà de la grande forêt.

Pewnego dnia zmarła ich matka. Jakiś czas później król ożenił się ponownie, ale nowa żona była złą czarownicą. Zaczarowała książęta w łabędzie i wysłała je daleko, do obcego kraju, po drugiej stronie wielkiego lasu.

Elle habilla la fille de haillons et enduisit son visage d'une pommade répugnante, si bien que son propre père ne la reconnut pas et la chassa du château. Elisa courut vers la sombre forêt.

Dziewczynkę ubrała w łachmany, a jej twarz posmarowała oszpecającą maścią. Ojciec nie rozpoznał jej i wygnał z zamku. Elisa uciekła do wielkiego, ciemnego lasu.

Elle était alors toute seule et ses frères lui manquaient terriblement au plus profond de son âme. Quand le soir vint, elle se confectionna un lit de mousse sous les arbres.

Teraz była całkowicie sama i w głębi duszy tęskniła za swoimi zaginionymi braćmi. Gdy zapadł wieczór, zrobiła sobie pod drzewami posłanie z mchu.

Le lendemain matin, elle arriva à un lac tranquille et fut choquée de voir son reflet dans l'eau. Une fois lavée, cependant, elle redevint le plus bel enfant royal sous le soleil.

Następnego ranka dotarła nad ciche jezioro i wystraszyła się, widząc w nim swoje odbicie. Gdy się umyła, stała się znowu najpiękniejszą księżniczką pod słońcem.

Après de nombreux jours, elle arriva à la grande mer. Sur les vagues dansaient onze plumes de cygnes.

Po wielu dniach Elisa dotarła nad wielkie morze. Na falach unosiło się jedenaście łabędzich piór.

Au coucher du soleil, il y eut un bruissement dans l'air, et onze cygnes sauvages se posèrent sur l'eau. Elisa reconnut tout de suite ses frères ensorcelés. Mais comme ils parlaient la langue des cygnes, elle ne pouvait pas les comprendre.

O zachodzie słońca słychać było szum w powietrzu. Jedenaście dzikich łabędzi wylądowało na wodzie. Elisa od razu rozpoznała w nich swoich zaczarowanych braci. Nie mogła ich zrozumieć, gdyż nie znała mowy łabędzi.

Chaque jour, les cygnes s'envolaient au loin, et la nuit, les frères et sœurs se blottissaient les uns contre les autres dans une grotte.

Une nuit, Elisa fit un rêve étrange : sa mère lui disait comment racheter ses frères. Elle devrait tricoter une chemise d'orties à chacun des cygnes et les leur jeter dessus. Mais avant d'en être là, il ne fallait pas qu'elle prononce un seul mot : sinon ses frères allaient mourir.
Elisa se mit au travail immédiatement. Et bien que ses mains lui brûlaient comme du feu, elle tricotait et tricotait inlassablement.

Za dnia łabędzie odlatywały, a nocą rodzeństwo spało w jaskini, przytulone do siebie.

Pewnej nocy Elisa miała dziwny sen: matka powiedziała jej, w jaki sposób może zdjąć czar z braci. Powinna dla każdego łabędzia upleść z pokrzyw koszulkę i mu ją narzucić. Do tego momentu nie wolno jej powiedzieć ani jednego słowa, inaczej bracia umrą.
Elisa natychmiast zabrała się do pracy. Chociaż ręce paliły jak ogień, plotła niestrudzenie.

Un jour, des cornes de chasse se firent entendre au loin. Un prince, accompagné de son entourage, arriva à cheval et s'arrêta devant elle. Quand leurs regards se croisèrent, ils tombèrent amoureux.

Pewnego dnia w oddali rozbrzmiały rogi myśliwskie. Wkrótce przybył konno książę wraz ze swoją świtą. Gdy tych dwoje spojrzało sobie w oczy, zakochali się.

Le prince prit Elisa sur son cheval et l'emmena dans son château.

Książę posadził Elisę na konia i galopem ruszyli do zamku.

Le très puissant trésorier fut loin d'être content de l'arrivée de cette beauté muette : c'était sa fille à lui qui devait devenir la femme du prince !

Potężny skarbnik nie był zadowolony z przybycia pięknej niemowy. To jego córka miała zostać żoną księcia.

Elisa n'avait pas oublié ses frères. Chaque soir, elle poursuivait son travail sur les chemises. Une nuit, elle alla au cimetière pour cueillir des orties fraiches. Le trésorier l'observa en cachette.

Elisa nie zapomniała o swoich braciach. Każdego wieczora pracowała dalej nad koszulkami. Pewnej nocy poszła na cmentarz po świeże pokrzywy. Skarbnik obserwował ją przy tym potajemnie.

Dès que le prince partit à la chasse, le trésorier fit enfermer Elisa dans le donjon. Il prétendait qu'elle était une sorcière qui se réunissait avec d'autres sorcières la nuit.

Gdy tylko książę wyruszył na polowanie, skarbnik rozkazał wrzucić Elisę do lochu. Rozgłosił, że jest ona czarownicą i nocą spotyka się z innymi czarownicami.

Au petit matin Elisa fut emmenée par les gardes. Elle devait être brûlée sur la place du marché.

O świcie straż przyszła po Elisę. Miała zostać spalona na rynku.

A peine y fut-elle arrivée qu'onze cygnes arrivèrent en volant. Elisa, très vite, jeta une chemise d'orties sur chacun d'eux. Bientôt, tous ses frères étaient devant elle en forme humaine. Seul le plus petit, dont la chemise n'était pas terminée, avait encore une aile à la place d'un bras.

Gdy tam doszła, nagle nadleciało jedenaście białych łabędzi. Elisa szybko narzuciła każdemu z nich koszulkę z pokrzyw. W mgnieniu oka stanęli przed nią wszyscy jej bracia w ludzkiej postaci. Tylko ten najmłodszy, którego koszulka nie była całkowicie gotowa, zachował w miejscu ramienia skrzydło.

Les frères et la sœur étaient encore en train de s'étreindre et de s'embrasser quand le prince revint. Elisa put enfin tout lui expliquer. Le prince fit jeter le méchant trésorier dans le donjon. Après quoi, le mariage fut célébré pendant sept jours.

Et ils vécurent heureux et eurent beaucoup d'enfants.

Jeszcze długo po powrocie księcia, objęciom i pocałunkom rodzeństwa nie było końca. Elisa mogła mu wreszcie wszystko wytłumaczyć. Książę rozkazał wrzucić złego skarbnika do lochu i siedem dni świętowano zaślubiny.

I żyli długo i szczęśliwie.

Hans Christian Andersen

Hans Christian Andersen est né en 1805 dans la ville danoise d'Odense et est mort en 1875 à Copenhague. Avec ses contes de fées tels que « La Petite Sirène », « Les Habits neufs de l'empereur » ou « Le Vilain Petit Canard », il s'est fait connaitre dans le monde entier. Ce conte-ci, « Les cygnes sauvages », a été publié en 1838. Il a été traduit en plus d'une centaine de langues et adapté pour une large gamme de médias, y compris le théâtre, le cinéma et la comédie musicale.

Barbara Brinkmann est née à Munich en 1969 et a grandi dans les contreforts bavarois des Alpes. Elle a étudié l'architecture à Munich et est actuellement associée de recherche à la Faculté d'architecture de l'Université technique de Munich. En outre, elle travaille en tant que graphiste, illustratrice et écrivaine indépendante.

Cornelia Haas est née en 1972 à Ichenhausen près d'Augsbourg. Après une formation en apprentissage de fabricant d'enseignes et de publicités lumineuses, elle a fait des études de design à l'université de sciences appliquées de Münster où elle a obtenu son diplôme. Depuis 2001, elle illustre des livres pour enfants et adolescents, depuis 2013, elle enseigne la peinture acrylique et numérique à la à l'université de sciences appliquées de Münster.

Marc Robitzky, né en 1973, a fait ses études à l'école technique d'art à Hambourg et à l'académie des arts visuels à Francfort. Il travaille comme illlustrateur indépendant et graphiste à Aschaffenburg (Allemagne).

Ulrich Renz est né en 1960 à Stuttgart (Allemagne). Après des études de littérature française à Paris, il fait ses études de médecine à Lübeck, puis dirige une maison d'édition scientifique et médicale. Aujourd'hui, Renz écrit des essais et des livres pour enfants et adolescents.

Tu aimes dessiner ?

Voici les images de l'histoire à colorier :

www.sefa-bilingual.com/coloring

www.ingramcontent.com/pod-product-compliance
Lightning Source LLC
LaVergne TN
LVHW070446080526
838202LV00035B/2753